ulrich
schaffer

gott
was
willst
du?

gott was willst du?

nach-
denken
über
psalmen

von
ulrich schaffer

oncken verlag
wuppertal und kassel

4. auflage 1979

umschlagzeichnung: friedrich peter, vancouver
gesamtherstellung: breklumer druckerei manfred siegel
isbn 3-7893-7028-2

für meine eltern

glauben
ist die fähigkeit,
in gottes tempo
zu gehen.
— martin buber

vorbemerkung

schon als kind lernte ich die psalmen kennen. manche psalmen schienen mit meinem leben sehr wenig zu tun zu haben. sie schienen einer anderen welt anzugehören. es ist darum nicht verwunderlich, daß sie mich vor ein paar jahren begannen zu reizen, sie in meine welt zu übertragen. es ging mir dabei nicht um formale überlegungen sondern ich wollte nur versuchen die grundgedanken der psalmisten von vor dreitausend jahren herauszuarbeiten. ich merkte dabei, daß die krisen des glaubens damals und heute gar nicht so anders waren. manches sagen wir nur anders. die angst, das versagen, die freude, die erkenntnis, das warten, das fragen: »gott was willst du?« scheinen die gleichen zu sein.
vor dreitausend jahren wurde nicht so anders gebetet und gedacht als heute. das ringen mit gott um klarheit und wachstum geht weiter.
diese texte sollen auch darauf hinweisen, daß der einzelne nicht so allein ist mit seinen fragen. wer sich mit gott einläßt trifft unweigerlich auf diese fragen. andere vor uns haben diese gedanken gehabt. andere nach uns werden diesen gedanken begegnen. das kann uns mut machen transparent vor gott zu stehen und auch einander wissen zu lassen wie es um uns steht und was wir durchmachen.

ulrich schaffer
burnaby, kanada
im april 76

gott wählen
(zu psalm 1)

von gott verwandelt
wird das leben des menschen
der noch eine meinung hat
und nicht angewiesen ist
auf den rat der besser-wisser
die sich eine weisheit ohne gott
ausgedacht haben

der sich nicht aufhält
bei denen die alles tun
um einen witz zu reißen
weil das lächeln der andern sie bestätigt

der sich nicht aufhält bei denen
die aufgehört haben zu suchen
der sich selbst überwindet
damit gott ihn weiterführen kann
dem seine beziehung zu gott
wichtiger ist als alles andere
der sich freut
am zusammenspiel der gesetze gottes
in jedem bereich des lebens

dieser mensch wird reifen
erwachsen werden
und etwas bedeuten für andere
und in entscheidenden momenten
wenn andere am ende sind
das richtige tun

so sind die menschen nicht
die gott aus ihrem leben ausgeschlossen haben
sie sind haltlos
entwurzelt und getrieben
vom wind der meinungen um sie

sie halten gottes gericht nicht aus
und die enge gemeinschaft der freunde gottes
wird ihnen unangenehm
denn sie wollen mit ihrer sünde nicht aufräumen

gott achtet auf die menschen
denen es wichtig ist
was gott von ihnen denkt
aber von denen die über gott lachen
verschwindet jede spur

mitten in der angst
(zu psalm 4)

höre mich gott wenn ich rufe
denn du bist gerecht
und von dir erwarte ich das richtige
denn du hast mir schon so oft geholfen
wenn ich angst hatte
du hast mir platz geschaffen
als ich keinen ausweg mehr wußte
denke an mich und höre meinem gebet zu

ihr die ihr um mich seid
wie lange wollt ihr mich noch auslachen
und für dumm erklären worüber ich rede?
ich sehe wie ihr mit wertlosem
eure zeit verschwendet
und wie ihr euch nur wohlfühlt
wenn ihr euch selbst betrügt
und euch von anderen betrügen laßt

gott führt die
denen es ernst um ihn ist
und er hört die
die aus ihrer not zu ihm rufen

wenn ihr euch ärgert
so paßt auf daß ihr nicht sündigt
führt selbstgespräche
wenn ihr abends endlich zur ruhe kommt
damit ihr seht was in euch ist
und das warten lernt

viele suchen nach etwas frohmachendem
nach etwas positivem
nach lebenssinn
und merken nicht daß das nur bei dir
zu finden ist

ich weiß daß ich zu dir kommen muß
wenn mein leben sinn haben soll
wenn ich mit all dem was mir begegnet
fertig werden will
denn nur du kannst mir die perspektive
fürs leben geben
so daß ich die zusammenhänge erkenne

in dir bin ich geborgen
mitten in meiner angst
ich kann ruhig schlafen
weil mein leben in deiner hand ist

du deckst alles auf
(zu psalm 7)

ich traue auf dich herr
stehe mir bei
in dieser zeit der verfolgung
denn überall werde ich angegriffen
bewahre mich
daß ich nicht untergehe
in dem haß der verachtung und gleichgültigkeit
meiner mitmenschen
und auch meiner mitbrüder

habe ich wirklich getan
was sie von mir behaupten?
bin ich so gemein und gefühllos gewesen?
bin ich den menschen
die in wirklichem frieden mit mir lebten
  die nicht nur vorgaben friedlich zu sein
  oder einen frieden ohne wahrheit pflegten
so völlig falsch begegnet?

wenn es so ist
dann schlage mich
indem du dich
von meinem leben zurückziehst

wenn es nicht so ist
dann mache denen
die mir weiter feind sein wollen
doch klar
daß du mich segnest
und über meinem leben wachst

du bist doch der einzige gerechte richter
zwischen einzelnen
und zwischen ganzen völkern

du kannst dem menschen
der ohne dich lebt
  auch wenn er von dir spricht
  auch wenn er zur kirche geht
  auch wenn er betet
  auch wenn er dein wort kennt
die einsicht geben
daß sein leben verfehlt ist
ohne dich

und dem der mit dir lebt
kannst du immer wieder die gewißheit geben
daß es sich wirklich lohnt
auch wenn um ihn
alles mit anderen maßstäben gemessen wird
und das wertlose wertvoll geachtet wird

denn du bist es
der uns alle bis ins tiefste prüft
du nimmst uns alle ausreden
und konfrontierst uns
mit der wirklichkeit unseres lebens

herr
bei dir suche ich schutz
denn du hilfst denen
die mit dir rechnen
die dich mit hineinnehmen
in ihre überlegungen
und ihr planen

gott ist ein unbestechlicher und unfehlbarer richter
der täglich mit uns reden will
der uns auf das eigentliche weist

und wollen wir uns nicht bekehren
nicht einsehen daß er der herr ist
dann gebraucht er oft schmerzhafte methoden
läßt uns leiden und beinah umkommen
damit wir gerettet werden
damit wir die welt richtig herum sehen
er trifft uns mit pfeilen des leides
die tiefe wunden machen

denn wir menschen haben böses im sinn
wo wir gehen bringen wir unheil
zerstören einander
und die welt um uns her
wir tragen lügen in uns
wir sind voll mit ärger
bis zum überlaufen

wir wünschen dem anderen schaden
  auch wenn diese regung sehr verdeckt in uns ist
wir graben dem anderen eine grube
  und fallen selbst hinein
wir binden den anderen an uns
  und werden dadurch an ihn gebunden
wir lernen nicht zu hören
  und niemand hört auf uns
wir sind schadenfroh
  und tragen dabei selbst den größten schaden

unsere sünde holt uns ein
und kommt über uns wie ein dunkler fluch
der unser leben
bis ins feinste gewebe
verwüstet und zersetzt

darum danke ich dir herr
für deine gerechtigkeit
die eine gnade ist
weil sie mich mit ihrer harten liebe
vor der selbstvernichtung bewahrt

weil mich deine pfeile
zur besinnung bringen
denn ich weiß
daß mir oft nur so beizukommen ist
weil ich deine sanften wege mit mir
nicht verstehe

darum danke ich dir für deine werbende härte
ich will deinen namen groß machen
unter den menschen

der große unterschied
(zu psalm 12)

herr
die menschen
deren leben von dir bestimmt wird
werden immer seltener

die menschen reden dummes zeug
ihr reden ist doppelzüngig
sie überlegen sich nur
wie sie überall am besten abschneiden
in der politik
im geschäft
in ihren beziehungen zu anderen menschen
ihr reden ist bestimmt
von dem wunsch einen guten eindruck zu machen
und in ihrem herzen sieht es ganz anders aus
als in ihren reden

herr
rotte dies unwesen doch aus
mache die verstummen
die mit ihren reden
andere zum verstummen und leiden bringen
besonders die
die durch ihre redegabe
über menschen herrschen
die sich selbst so gern hören
und sich gut finden
und niemand anders als sich selbst anerkennen
und in ihrem hochmut
wirkliche weisheit für dumm erklären

weil die armen und ungebildeten
überall ausgebeutet werden
durch clever ausgedachte wahlreden
durch teuflisch kluge reklame
durch versprechungen und vertröstungen
durch lügen und schmeicheleien
darum spricht gott
und schafft hilfe
denen die sich nach ihm sehnen
und etwas von ihm erwarten

gott spricht so klar und eindeutig
doppelzüngig und diplomatisch redet er nicht
man kann sich auf ihn verlassen
und was er sagt trifft zu
was er sagt trifft ein
es ist immer so gewesen
es wird immer so sein

ich weiß daß du herr
die unterdrückten und bedrängten bewahren wirst
daß die gottlosen nicht über uns herrschen werden
auch wenn sie in den regierungen sitzen
denn wir sind auf deiner seite
auf der seite des einzigen guten herrschers

das macht uns zuversichtlich
besonders auch in einer zeit
in der unter der herrschaft der gottlosen
die verirrung der menschen ständig zunimmt

theorien sollen die sünde zudecken
(zu psalm 14)

die ganz schlauen sagen
gott ist tot
weil sie ihn nicht kennen
und lieber weiter in ihrer sünde leben wollen

und gott
den es nicht geben soll
sieht sich die motive hinter diesen aussagen an
und erforscht ob hinter der ablehnung
doch ein schrei nach ihm ist

aber das gerede ist alles nur egoistisch
und alle neuen theorien
sollen nur die eigene sünde zudecken
weil der mensch sich lieber eine neue theorie ausdenkt
die seine sünde rechtfertigt
als sich zu demütigen
und sich von gott verändern zu lassen

aber so sind die menschen alle

merken die menschen denn nicht
daß sie von mir leben
denn ich bin es doch
der alles wachsen läßt?
sie scheinen es nicht zu merken
denn wie könnten sie sonst denen
die mich lieben
so zusetzen?

sie beuten die armen aus
und halten die zum narren
die sich nicht verteidigen können
doch der herr wird eintreten
wie schon oft
mit seinem gerechten gericht

herr komme bald mit deiner hilfe
denn deine kinder warten
und wollen wieder fröhlich sein

wie können wir zu dir kommen?
(zu psalm 15)

herr wer wird mit dir sein?
wer wird dich seinen freund und vater
nennen dürfen?
wer wird zu dir beten
und auf erhörung hoffen können?
wer wird vor dir stehen können?

nur der mensch
  der sein leben offen vor dir führt
  dessen reden und tun sich decken
  und aus ehrlichem herzen kommen
der mensch
  der sich zu sagen traut
  was er denkt
  und so handelt
  wie er es für recht erkannt hat
  ohne rücksicht auf menschenmeinungen
der mensch
  der den andern
  durch sein reden nicht zerstört
  und seine mitmenschen nicht ausbeutet

der mensch
    der erkannt hat
    wie sinnlos auch der beste versuch ist
    sein leben ohne gott zu machen
    und der sich darum nicht nach menschen richtet
    die mit gott nichts zu tun haben wollen
    aber in eine enge gemeinschaft tritt
    mit denen die gott lieben
der mensch
    der nicht mit der not der anderen
    geschäfte macht
    und geld nur verborgt
    damit er es doppelt wiederbekommt
    oder gar bestechungsgelder annimmt
    gegen unschuldige
    die sich nicht verteidigen können

dieser mensch bleibt
und lebt mit gott
und gott teilt sich ihm mit

alles kommt von dir
(zu psalm 17)

herr
sei weiterhin gerecht
sei du mir nah
und höre wenn ich mit dir rede
ich will ganz ehrlich reden
nicht plappern wie die
die dich nicht kennen
ich will dir und mir nichts vormachen
mit vielen frommen worten

höre mich

du prüfst mich
untersuchst meine motive
schickst mir auch menschen
die mir meine fehler sagen
menschen die als deine stimme zu mir sprechen

du gehst mir nach
läßt mich manchmal nicht schlafen
ehe du mit mir fertig bist
und ich über meinen tag und mich
nachgedacht habe
dann nehme ich mir neu vor
nahe an dir zu bleiben
und in deinen gesetzen zu leben
zu kontrollieren was ich sage

wenn ich mich so in deiner prüfenden nähe aufhalte
werde ich bewahrt vor der zerstörung
vor dem abgleiten in das wertlose und belanglose
vor der leere eines lebens ohne dich
dann werde ich mich nicht verirren
und nicht abkommen von dem weg
der für mich gedacht ist

ich rufe zu dir herr
und erwarte daß du mich hörst
zeige dich denn ich traue dir
im kampf mit der welt die betont ohne dich lebt

nimm mich an der hand und behüte mich
wie ich mein augenlicht hüte
nimm mich auf in den schatten deiner geborgenheit

bewahre mich vor den menschen
die gegen dich arbeiten
und die meine liebe zu dir
auf die verschiedenste weise
versuchen zu zerstören
bewußt oder unbewußt
die sich lustig machen über mein verhältnis zu dir

ich weiß daß sie ihr herz vor dir verschließen
daß sie mit dir nichts anfangen können
oder auch vor dir davonlaufen
ich lebe ja mitten unter ihnen
überall komme ich mit ihnen zusammen
höre ihr selbstsicheres reden
ihre herzlosen urteile
ihre erschreckende kurzsichtigkeit

ganz offen oder auch versteckt sind sie darauf aus
zu beweisen
daß das leben genauso gut
ohne gott zu leben geht
daß gott überflüssig ist
und sie verachten die schwachen
die noch einen gott brauchen
sie lassen uns links liegen
und sprechen so ihr urteil über uns

manchmal greifen sie auch an
versuchen alles zu zerschlagen
so als wären sie sich ihrer sache nicht sicher

gott hilft mir durch
wenn dies alles auf mich zukommt
zeige uns allen deine klare wahrheit
blank bloß und unmißverständlich wie ein schwert

ich weiß daß sie ihr leben
mit oberflächlichkeiten füllen
daß ihnen essen und kleidung lebensinhalt sind

sie nehmen wohl deinen reichtum an
und füllen damit ihre häuser
für kinder und enkel
doch merken und glauben sie nicht
daß das alles von dir kommt

ich herr
möchte das alles hinter mir lassen
und mich auf dich konzentrieren
in dir meine antwort finden
möchte meine gedanken
mein sehnen
mein sorgen am abend und morgen
meine auseinandersetzung mit mir selbst
in dir aufgehen lassen
und selbst den rest
der nicht gleich aufgeht
dir neu übergeben

ich will dich im zentrum haben
als sonne
von der das ganze leben beschienen wird
von der es abhängt
ich möchte überfließen von dir
und genug haben in dir

ich bin so allein
(zu psalm 22)

mein gott warum hast du mich verlassen?

warum merke ich nichts mehr von deiner nähe?
weinend suche ich tag und nacht nach dir
oft ohne tränen
aber mit einer großen leere in mir
und ich finde dich nicht
deine verborgenheit ist schwerer zu tragen
als alles andere leid

deine verborgenheit ist mein größtes leid

ich habe so viele biographien gelesen
und geschichten gehört
von menschen denen du
auf wunderbare weise geholfen hast
die nicht lächerlich für ihre mitmenschen wurden

aber bei mir ist es anders
und meine mitmenschen wundern sich
denn sie wissen doch daß ich dich liebe
und daß ich dich schon als kind liebte
von dir geredet habe
und versuchte dich zu verstehen
darum machen sie sich jetzt lustig über mich
denn ich bin schlechter dran als sie alle

herr stehe mir bei
ich bin so allein

es umgeben mich bilder der angst
in meinen träumen werde ich verfolgt und gejagt
ich zergehe wie wasser in heißer sonne
mein körper versagt
meine zunge klebt mir am gaumen

in meinem mund
spüre ich den geschmack der angst
weil ich das leid auf mich zukommen sehe
ich spüre schon wunden
an händen und füßen
als hätte man mich zur marter
mit nägeln angeheftet

meine gegner freuen sich über mein leid
und würfeln um meinen kleinen besitz
herr mußt du gerade jetzt
gerade jetzt
so weit weg sein
hilf mir herr
hilf mir
hilf
mir

dennoch
will ich
von deinem namen
zu meinen engen freunden reden
und meiner gemeinde sagen
wie wunderbar du bist

du bist die hoffnung
der armen und einfachen
der verachteten und ausgestoßenen
der gemiedenen und ausgeschlossenen
du liebst sie
und gibst ihnen was sie brauchen
sie sollen keine not mehr leiden
denn was du zu geben hast
reicht tiefer als all unsere not

ich will meine versprechen einlösen
und dich loben

überall in der welt
wird dein lob beginnen
denn auch die
die nichts von dir hielten
werden dich anbeten
denn ihnen werden die augen aufgehen
und sie werden den herrn erkennen

und sie werden die gerechtigkeit gottes
andern weitersagen und vorleben
von generation zu generation

die begegnung
(zu psalm 24)

unser ganzer planet gehört gott
dieser ganze planet
    der dritte im kreise um die sonne
    mit seiner faszinierenden oberfläche
    mit seinen bodenschätzen
    mit seinem reichtum an tieren und pflanzen
wurde von gott geschaffen
herausgelöst aus dem unendlichen raum
mit seinen sonnen
asteroiden und spiralnebeln
und dem nichts
daß sich für lichtjahrtausende erstreckt
hat ihn zur erde werden lassen
zu einer heimat für uns

wer kann diesem schöpfer begegnen?
wer kann zu ihm reden
und antwort erhoffen?

nur der
der gott sucht
und bereit ist
anzuerkennen daß gott ihm vergeben muß
weil er sich von gott gelöst hat
nur der
dem gott vergibt
der sich nicht
mit gewäsch und billigen entschuldigungen
zu rechtfertigen sucht

nur der
wird frei von seinem schlechten gewissen
frei nicht durch abhärtung
oder abtötung des gewissens
sondern durch vergebung und überwindung

dieser mensch sucht gott
und findet ihn
und er wird von gott gefunden

wenn du daran interesse hast
dann bereite dich vor
weil gott schon längst fertig ist
und zu dir kommen will

mache dich fertig für diese begegnung
die mehr ist
als alles was du kennst
weil dieser gott
der schöpfer des weltalls
zu deinem persönlichen freund wird

sprich mit ihm

sich selbst aufgeben
(zu psalm 32)

wir machen alle fehler
das ist klar
damit haben wir uns schon abgefunden
  aber gott noch nicht
denn obwohl wir alle fehler machen
werden die fehler
doch nicht kleiner und unwichtiger
(es ist wenig trost für den ertrinkenden
zu wissen
daß mit ihm noch andere ertrinken)

darum:
wirklich froh kann nur der mensch sein
dem gott nicht nur seine fehler vergeben hat
sondern der so mit gott in verbindung steht
daß gottes vergebung
über seinem ganzen leben steht
daß sie hineinreicht
in die unbekannten und unaufgedeckten bereiche
seines lebens
daß gott ihm nirgendwo etwas ankreidet

dieser mensch wird von gott
in seinem denken und in seinen gefühlen
sauber heil und empfindsam bewahrt

denn wir alle gehörten
(oder gehören manchmal noch)
zu denen die mit gott versteck spielten
die meinten gott könnte nicht alles sehen
oder kümmerte sich nicht um jede kleinigkeit
oder würde manchmal ein auge zudrücken
oder fünf gerade sein lassen
doch wir merkten bald
wie wir unglücklich wurden
wie nichts mehr hinhaute
und zuletzt sogar alles
aber auch alles
nach längerem hinsehen
wirklich sinnlos erschien

da blieben uns nur tränen
da waren wir leer
und wußten doch nicht
daß dahinter gott steckte
der uns zeigen wollte
wie wir uns selbst betrügen

als ich das dann begriff
sprach ich mit gott
und versteckte nichts mehr
bekannte alles
zählte auf was ich wußte
und bat auch um vergebung für alles
was ich nicht wußte
und gott vergab mir

das war auch die wende in meinem äußeren leben
denn ich merkte wie selbst katastrophen
im beruf in der familie oder in der gemeinde
mir meine geborgenheit in dir
nicht nehmen konnten

du bist in mir
und bewahrst mich
und mutest mir nicht mehr zu
als ich aushalten kann
so daß meine angst
nicht mehr mit mir durchgehen kann
und ich nicht ganz kopflos werde

an stelle der tränen
kann ich jetzt singen

jetzt ist es anders herr
jetzt brauchst du nicht mehr so viel gewalt
um mir zu zeigen was ich tun soll
oder was besser ungesagt und ungetan bliebe
jetzt verstehe ich schon oft
deine stillen hinweise und andeutungen
und unser verhältnis wird wortloser und tiefer

der mensch
der versucht ohne dich durchzukommen
muß sich so quälen
er macht sich das leben noch schwerer
als es ohnehin schon ist

wie schade
denn auch er könnte erfüllter und froher sein
mit dir
du wunderbarer herr

was ist wirklich wichtig?
(zu psalm 33)

freut euch alle
die ihr mit gott lebt
und zeigt ihm wie ihr ihn liebt
indem ihr ihn lobt
mit gitarren mit zwölfsaitigen gitarren
und ihm neue lieder schreibt
oder die alten von herzen singt

gott hat uns vieles versprochen
und er hält alles
es geschieht alles nach seinen geistlichen gesetzen
er führt uns durch liebe und gesetz
zu seiner befreienden ordnung

durch ihn ist alles geschaffen
und durch ihn wird alles erhalten
das sichtbare und das unsichtbare
die oberfläche des meeres
und der meeresboden
die worte die du sagst
und deine geheimsten regungen

darum sollen wir alle anerkennen
daß er der herr ist
ihn ernstnehmen
ihn nicht ständig anklagen
und mit ihm spielen
oder mit plumper vertraulichkeit entehren

das gilt für den intellektuellen
in oxford münchen paris oder los angeles
wie auch für den hilfsarbeiter in kalkutta
oder für das traubenpflückende mädchen
in einem australischen weinberg
oder für den reisenden geschäftsmann
im flugzeug weit über dem nichts

das gilt dir und mir
denn gott kann mit einem wort
aufrichten und zerschlagen
so wie es nötig ist

alle planungen mißglücken denen
die ohne gott planen
das gilt für regierungen vereine kirchen
gruppen und für jeden einzelnen
denn unsere pläne müssen zu gottes plänen passen
weil er mit uns klare ziele verfolgt

gut gehen wird es denen
die in gott ihren herren haben
der ihnen sagt was zu tun und zu lassen ist
was wesentlich oder was nur wichtig ist
was zum wachstum beiträgt
und was nur zeitverschwendung ist

gott sieht uns alle
jetzt
morgen
am ende unseres lebens
er hat uns schon lange gesehen
und er sieht auch was wir tun
wir können ihm nichts vormachen

auch können wir das leben
nicht durch unsere talente bewältigen
denn sie reichen nicht aus

ob staatsmann spitzensportler oder reicher
ob stark hübsch oder wohlhabend
ob intelligent oder begabt
gott ist interessiert zu sehen
ob wir uns ihm unterordnen
und ihn anerkennen
ob wir alles von ihm erhoffen
und uns nicht auf unsere begabungen verlassen

darum warten wir auf die nähe gottes
auf seine bewahrung
und wir sind froh
schon bei dem gedanken an ihn
und wissen um die besondere stärke
die in seinem namen liegt

herr tritt uns nah
sei über uns
sei in uns
nur von dir und deiner nähe bekommt unser leben sinn
nur dann lohnt es sich zu leben
zu hoffen
in die zukunft zu sehen

ich will nicht manipuliert werden
(zu psalm 43)

du durchschaust mich gott
ich verstecke nichts
nimm du mein leben in deine hand
und rette mich vor den leuten
die darauf aus sind mich zu zerstören:
die reklameexperten und doppelzüngigen politiker
die gewalttätigen und revolutionäre ohne liebe
die entwerter des wortes
die vertreter der freien liebe
die verdreher deiner wahrheit

herr sei du mit mir
denn nur in dir und durch dich bin ich stark
stoße mich nicht von dir
und lasse mich nicht länger
  meinen weg allein und traurig gehen
ein ausgelieferter ohne deine hilfe

gib mir deine einsicht
damit ich weiß was ich zu tun habe
wie ich auszulegen habe
  was um mich geschieht
zeige mir was wahr ist
in dem irrsinn dieser zeit
und führe mich zu dir
  dem ursprung des wahren
denn ich will bei dir ausruhen
und dir meinen dank bringen
du inbegriff meiner freude und entspannung
ich will meine talente für dich einsetzen
und für dich leben

warum bin ich trotzdem noch unruhig und unsicher?
warum sorge ich mich noch?
ich will auf gott warten
und schon jetzt während des wartens
beginnen zu danken und zu loben
daß du herr
dich zu mir kehrst

meine sünde
(zu psalm 51)

herr ich habe gesündigt
und komme nun zu dir
vergib mir
und nimm mich wieder an

meine sünde verfolgt mich
ich sehe sie immer vor mir
ich muß immer an sie denken
und werde sie allein nicht los

und ich merke
daß meine sünde mit menschen
meine ganz persönliche sünde
meine ganz geheime sünde
   von der niemand etwas wußte
daß sie zuallererst eine sünde
gegen dich ist
daß die verbindung zu dir unterbrochen ist
daß ich von dir getrennt bin
wie der mensch
der ohne dich lebt

darum komme ich zu dir
denn ich lebe von der verbindung zu dir
und weiß
daß du mich rein haben willst

von klein auf war ich geneigt
nur an mich zu denken
wie alle menschen
und doch will ich dies nicht als ausrede gebrauchen
denn ich weiß
daß ich in dir rein bleiben kann
wie du rein bist
denn du liebst die wahrheit
und umgibst dich mit reinheit
und schaffst auch in mir das empfinden
für diese reinheit
und für deine sicht der welt

wasche mich
schließe deine augen über meiner sünde
und erfülle mir meinen größten wunsch:
gib mir ein neues herz
ein reines herz
weißer als schnee

und lasse die volle kraft des heiligen geistes
in meinem leben zur geltung kommen
denn dein geist in mir
führt und bewahrt mich

vergiß mich nicht
tue mich nicht ab
und nimm deinen heiligen geist nicht von mir
hilf mir wieder auf
durch das geschenk deiner freude

ich will anderen sagen
daß es sich lohnt
zu dir zurückzukommen
und mit dir im reinen zu leben

hilf mir aufzupassen
daß ich nicht wieder so tief falle
so weit von dir abkomme
denn mein leben soll ab jetzt
ein lob für dich sein

gib mir vollmacht
wenn ich anderen von dir erzähle
und zeige mir wo ich mit frommen werken
etwas bei dir verdienen will
anstatt auf deine gnade angewiesen zu sein

ich weiß
daß dir ein geängstigtes und zerschlagenes herz
am besten gefällt
ein mensch der sich nicht mehr selbst retten will

auf diesen nullpunkt will ich kommen
denn von dort geht es aufwärts
in deiner kraft
nicht mehr in eigener kraft

dann werde ich deine guten taten an mir
noch klarer spüren
dann werden auch meine werke
akzeptabel vor dir
denn sie stehen in deiner gerechtigkeit
und werden durch deine gnade getan

er läßt mich nicht im stich
(zu psalm 62)

ich bin ganz still
denn ich weiß daß gott mir hilft
ich lerne warten

ich kann ihm trauen
denn noch nie hat er mich im stich gelassen
ich brauche nicht durcheinander zu geraten
so unverständlich das leben auch sein mag

alle gemeinheit
und undurchsichtige verfolgung
bringt auch den nicht zu fall
der sich an gott hält

ich will still auf gott warten
ganz gleich was auch um mich vorgeht
denn wirklichen halt kann nur er bieten

versucht es doch ein mal mit gott
schüttet euer herz vor ihm aus
versucht nicht alles allein zu meistern
er kann es besser
und ihm kann man trauen

all unsere guten vorsätze
reichen nicht aus
wir werden weiter fehler machen
selbst viel geld und einfluß
beschaffen uns nicht
die wirklich wichtigen dinge des lebens

gott muß immer nummer eins sein
dann geht alles klar
er ist mächtig und gnädig zugleich
er kann uns ändern und auch vergeben

wir können wählen:
mit oder ohne gott zu leben
von der wahl hängt ab
wie unser leben laufen wird
wie wir mit dem fertig werden
was uns täglich trifft

ich brauche dich
(zu psalm 63)

gott du bedeutest mir alles

wenn ich ehe der wecker klingelt
wach werde
gehen meine gedanken zu dir
und ich merke daß ich dich brauche
wie man essen braucht
wenn man sehr hungrig ist

alles an mir braucht deine nähe
mein körper: meine kopfschmerzen und nerven
meine seele: meine empfindsamkeit und meine gedan-
[ken]
mein geist: deine liebe in mir

darum versuche ich jetzt
dich in deiner ganzen heiligkeit
besser zu erkennen
deine feste hand in meinem leben
besser zu verstehen
darum ziehe ich mich zurück
um dich zu meditieren
und stillhalten zu lernen

dabei treffe ich auf deine liebe
die noch vielfältiger ist
als das leben selbst
und ich merke wie deine güte
dein gut-zu-uns-sein
wichtiger ist als unser überleben
und ich suche nach worten
die dieser liebe und güte angemessen sind
bringe aber nur armseliges heraus

und doch will ich dich
durch mein leben ein leben lang loben
und dir auf die verschiedensten weisen zeigen
daß ich dich liebe

ich will erfinderisch sein
in meiner liebe zu dir
denn auf dich konzentriert zu sein
    von mir selbst absehen können
ist das schönste in meinem leben

ich lege mich ins bett
mit gedanken an dich
und wenn ich morgens aufstehe
bist du sofort wieder in meinem denken und planen
ich rede von dir und lebe mit dir

die ordnung meines lebens
kommt von dir
ich bin in jeder weise abhängig von dir
und wenn ich verfolgt werde
und mein leben in gefahr ist
so weiß ich doch
daß nichts ohne deinen willen geschieht

meine verfolger graben sich selbst ihr grab
denn sie kämpfen nicht nur gegen mich
sondern gegen meinen gott
und der kampf ist schon längst entschieden

ich aber freue mich in gott
denn es lohnt sich
alles in seinem namen zu machen

die große freude
(zu psalm 126)

du kamst zu uns
in unsere gefangenschaft
in die enge unseres menschseins
in die enge welt unserer sünde
in unsere gleichgültigkeit
in unsere unzufriedenheit und leere
da erschienst du
um uns zu verwandeln
und licht in unsere welt einzulassen

und wir sahen diese neue welt
die so anders war
wie ein traum
und doch war sie wirklichkeit

wir lachten und weinten vor freude
waren außer uns über diese veränderung
denn nie hätten wir soviel schönheit geahnt

nun aber können wir gott loben
ihm immer wieder sagen
wie gut und groß er ist
jetzt soll unser leben ein lob sein
daß auch unsere mitmenschen sagen:
gott hat sie verändert
etwas ist in ihr leben eingetreten
wir können es merken

herr begegne doch auch denen
die noch gefangen sind
lasse sie wieder lebendig werden
wie ein bach der lange ausgetrocknet war
und nun nach dem ersten regen wieder fließt
nimm sie in deine hand
und sei ein vater zu ihnen

wo das leben schwer war
  wo es viel leid gab
  wo viel geweint wurde
  und einsamkeit zu jedem tage gehörte
da wird die freude doppelt so groß sein
wenn gott befreiung schafft
da wird der ganze unterschied sichtbar
wenn gott dem leben sinn und richtung gibt

dann haben die tränen sinn gehabt
denn in jeder träne
  war der wunsch nach erlösung verborgen
und in jedem seufzer
  war der wunsch nach mehr
  als das leben jetzt war
und an jedem einsamen tag
  wuchs die sehnsucht nach wahrer gemeinschaft

darum ist jetzt die freude so groß
und das leben eine gabe an gott

ich mag mein leben nicht mehr sehen
(zu psalm 130)

herr ich bin am ende meiner kraft
und kann nur noch zu dir rufen
ich stecke so tief in fehlern
daß ich mich vor meinem eigenen leben ekele
herr höre mich
und lasse mich nicht umsonst rufen
merke doch die dringlichkeit
meines rufs

wenn du dir alle meine sünden gemerkt hast
wie habe ich dann
vor dir
noch eine chance?
ist mit meiner sünde
die verbindung zu dir
nicht einfach abgebrochen
ist nicht alles aus?

nein
ich weiß
du vergibst
und zitternd
öffne ich mich
diesem geschenk
denn ich weiß wohl
daß ich es nicht verdient habe

herr ich warte auf deine zuwendung
und den aufrichtenden zuspruch von dir
den ganzen tag
drehen sich meine gedanken um dich
und um deine vergebung
auf die ich hoffe

versucht es doch ein mal mit gott
denn er ist wirklich an uns interessiert
er kümmert sich um uns
und will uns befreien
aus dem zwang
die gleiche sünde immer wieder tun zu müssen

ausruhen in dir
(zu psalm 131)

ich jage nicht nach hohen zielen
verkaufe mich nicht an den fortschritt
um jeden preis
möchte auch im geistlichen kein star werden

aber von dir herr
erwarte ich viel
ich tue mich weit auf
um mit dir etwas zu erleben
denn ich weiß
daß ich unendlich viel zu lernen habe
ich merke täglich
wie ich am anfang stehe

ich will nichts besonderes sein
will nicht etwas erreichen
was nicht für mich gedacht ist
will mich nicht messen und vergleichen mit anderen
mit denen du andere wege gehst

ich ruhe in dir
wie ein kind bei der mutter
ich ergebe mich dir
mache mich abhängig von dir
flüchte zu dir
sage dir meine sorgen
lasse mein leben von dir ordnen
weil ich bei dir bleiben will
mit meinem ganzen sein

versucht es auch
heute und immer wieder

inhalt

andere bücher von ulrich schaffer im oncken und brockhaus verlag wuppertal:

trotz meiner schuld
gedanken und gebete
64 seiten kartoniert oncken verlag wuppertal

kreise schlagen
gedanken gebete gedichte
64 seiten kartoniert oncken verlag wuppertal

umkehrungen
gedanken gebete gedichte
64 seiten kartoniert oncken verlag wuppertal

drei bücher die man nicht in einem zuge durchliest.
man wird getroffen von einer prägnanten formulierung
man wird gefangen von der kraft der sprache und findet
sich plötzlich selbst wieder — »das bin ich ja
in meinem verhältnis zu gott und zu meinen mitmenschen.
das sind ja meine eigenen hoffnungen, wünsche,
sehnsüchte und probleme.
und unversehens wird das lesen zum mitdenken,
zum nachmeditieren, zur eigenen zwiesprache mit gott.
»gott hat auch in jeder kleinigkeit meines lebens
etwas zu suchen« lautet das motto des autors.
seine drei bücher wollen dem leser helfen dieses
motto auch in seinem eigenen leben zu verwirklichen.

ich will dich lieben
meditationen über die liebe
64 seiten brockhaus verlag
tweenband 2007

»Es ist unter der Jugend heute ein Sehnen aufgebrochen nach dem Pianissimo, nach der zarten Musik, ein Offensein für das Unausgesprochene, nur Angedeutete und Gehauchte, für das ehrfurchtsvolle Tasten, das das Geheimnis kennt und – stehen läßt. Das vorliegende Büchlein kommt dieser Sehnsucht entgegen, und viele offene Hände werden danach greifen.«

– aus dem Vorwort von Walter Trobisch

jesus, ich bin traurig froh
fragantworten und selbstgespräche
64 seiten brockhaus verlag
tweenband 2010

»Diese Meditationen sind ungeheuer ehrlich, und ich selbst habe mich an vielen Stellen wiedergefunden und konnte nur sagen: Ja, so ist das auch bei mir. Es ist Dir gelungen, den Leser an Deinem inneren Ringen teilhaben zu lassen. Man sieht sich selbst im Spiegel und wird gezwungen, den eigenen Standort zu überprüfen und zu korrigieren.
Ich bin überzeugt, daß Du mit diesem Band den Nerv vieler junger Leute triffst, daß sie sich hier verstanden fühlen.«

– erste Leserstimme